ALPHABET

DES

ARTS ET MÉTIERS

ILLUSTRÉ DE NOMBREUSES GRAVURES

Dessins de GAGNIET

PARIS

BERNARDIN-BÉCHET, ÉDITEUR

31, QUAI DES AUGUSTINS

· 1862

ALPHABET

DES

ARTS ET MÉTIERS

ILLUSTRÉ DE NOMBREUSES GRAVURES

Dessins de GAGNIET

PARIS
BERNARDIN-BÉCHET, ÉDITEUR
31, QUAI DES AUGUSTINS
· 1862

ALPHABET

DES

ARTS ET MÉTIERS

ILLUSTRÉ

DE NOMBREUSES GRAVURES

POISSY, — TYPOGRAPHIE ARBIEU

ALPHABET

DES

ARTS ET MÉTIERS

ILLUSTRÉ DE NOMBREUSES GRAVURES

Dessins de GAGNIET

PARIS

BERNARDIN-BÉCHET, ÉDITEUR

31, QUAI DES AUGUSTINS

1862

LETTRES MAJUSCULES

A B C

D E F

G H I J

K L M

N O P

Q R S

T U V

X Y Z

LETTRES MAJUSCULES

A B C D

E F G H

I J K L M

N O P Q

R S T U

V X Y Z

LETTRES MINUSCULES

a   b   c   d

e   f   g   h

i   j   k   l   m

n   o   p   q

r   s   t   u

v   x   y   z

MAJUSCULES ITALIQUES

A B C D
E F G H
I J K L M
N O P Q
R S T U
V X Y Z

1.

MINUSCULES ITALIQUES

a *b* *c* *d*

e *f* *g* *h*

i *j* *k* *l* *m*

n *o* *p* *q*

r *s* *t* *u*

v *x* *y* *z*

MAJUSCULES GOTHIQUES

A B C D E

F G H I K

L M N O P

Q R S T U

V X Y Z

MINUSCULES GOTHIQUES

a b c d e f

g h i j k l

m n o p q r

s t u v w x

y z

MAJUSCULES ANGLAISES

A B C D E

F G H I

K L M N

O P Q R S

T U V W

X Y Z

MINUSCULES ANGLAISES

a b c d e f

g h i j k l

m n o p q r

s t u v x

w y z

MAJUSCULES RONDES

A B C D
E F G S I K
L M N O
P Q R S T
V V X Y Z

MINUSCULES RONDES

a b c d e f

g b i j k l

m n o p q r

s t u v x

y z

LETTRES ORNÉES

A
B

C
D

E
F

 G
H

 I
J

 K
L

 M
N

 O
P

 Q
R

S

T

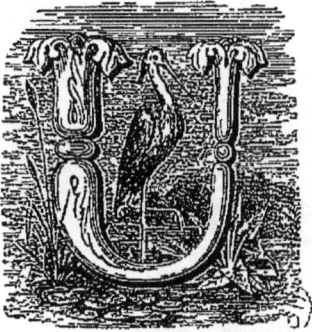

U

V

W

X

VOYELLES MAJUSCULES

A E I O U Y

VOYELLES MINUSCULES

a e i o u y

LETTRES ACCENTUÉES

à â é è ê î ô ù û

CHIFFRES

0 1 2 3 4 5 6 7 8 9

Zéro   Un   Deux   Trois   Quatre   Cinq   Six   Sept   Huit   Neuf

SIGNES DE PONCTUATION

Virgule (,)

Point et Virgule (;)

Point (.)

Deux Points (:)

Apostrophe (') l'orage

Point d'interrogation (?)

Point d'exclamation (!)

Trait-d'union (-)

Parenthèse ()

Guillemet (»)

SYLLABES

ba	be	bi	bo	bu
ca	ce	ci	co	cu
da	de	di	do	du
fa	fe	fi	fo	fu
ga	ge	gi	go	gu
ha	he	hi	ho	hu
ja	je	ji	jo	ju
ka	ke	ki	ko	ku
la	le	li	lo	lu
ma	me	mi	mo	mu

na	ne	ni	no	nu
pa	pe	pi	po	pu
qua	que	qui	quo	quu
ra	re	ri	ro	ru
sa	se	si	so	su
ta	te	ti	to	tu
va	ve	vi	vo	vu
xa	xe	xi	xo	xu
za	ze	zi	zo	zu

| bla | ble | bli | blo | blu |
| cla | cle | cli | clo | clu |

dra	dre	dri	dro	dru
fla	fle	fli	flo	flu
gla	gle	gli	glo	glu
pla	ple	pli	plo	plu
spa	spe	spi	spo	spu
tra	tre	tri	tro	tru
vra	vre	vri	vro	vru

MOTS D'UNE SYLLABE

Air	Bon	Pont
Deux	Bien	Banc
Oui	Pas	Bol
Et	Par	Buis
De	Sans	Main
Huit	Dieu	Loi
Si	Don	Jeu
Dont	Doux	Un
Ni	Sur	Or
Le	Ton	Est

MOTS DE DEUX SYLLABES

Pa-pa	Da-da
Ma-man	Chai-se
Bi-jou	Sol-dat
En-fant	Na-nan
Cou-sin	Oi-seau
Bon-ne	Ca-non
Tam-bour	Tau-reau
Bal-le	Mou-le
Bou-le	Che-val
Gâ-teau	Cor-beau

MOTS DE DEUX ET TROIS SYLLABES

É-toi-le	En-ton-noir
Ré-ser-voir	Mai-son
Ta-blier	Sou-ve-nir
Son-net-te	Poi-vre
Pa-ra-dis	Sa-van-te
É-gli-se	Com-plet
Fa-mil-le	Heu-reu-se
O-rai-son	Trou-vé
Doc-tri-ne	Ju-ge-ront
En-trail-les	Tan-te

2.

MOTS DE QUATRE SYLLABES

Pé - ni - ten - ce

Pro - me - na - de

Gour - man - di - se

Con - ve - na - ble

Glou - ton - ne - rie

Do - mes - ti - que

Fa - ci - le - ment

Re - con - nais - sant

Mar - chan - di - se

Fi - na - le - ment

MEMBRES DE PHRASES

Demain je chanterai un cantique.

Il faut préférer l'honneur à la fortune.

Cette dame me dit avoir mal à la tête.

On lui portera du pain et du vin.

L'hiver sera très-rigou-reux.

Le froid ne te fera pas mourir.

Écoutons toujours les bons conseils.

Paris est une des plus grandes villes du monde.

On doit aimer et désirer la sagesse et la vertu.

C'est Dieu qui a fait le ciel et la terre.

Le printemps ranime toute la nature.

PHRASES

Dieu veut que les petits enfants aiment bien leur père, leur mère, leurs frères et leurs sœurs, puis qu'ils apprennent aussi à bien lire, à écrire, à parler et à chanter.

Dieu veut encore que les petits enfants pensent à lui tous les jours, tous les matins en se levant, tous les soirs en se couchant, et qu'ils le prient de tout leur cœur.

Comme c'est Dieu qui donne la vie aux petits enfants et la leur conserve, il s'en suit que c'est lui qu'ils doivent aimer le plus.

———

CRIS DES ANIMAUX

Le renard glapit.

La grenouille coasse.

Le serpent siffle.

Le cheval hennit.

Le taureau mugit.

Le bœuf beugle.

L'âne brait.

Le mouton bêle.

Le chien aboie.

Le chat miaule.

Le cochon grogne.

L'agneau bêle.

Le coq chante.

Le corbeau croasse.

Le lion rugit.

Le loup hurle.

Le moineau pépie.

La pie babille.

Le pigeon roucoule.

Le rossignol ramage.

La tourterelle gémit.

DIVISION DU TEMPS

Cent ans font un siècle.

Trois cent soixante-cinq jours font un an.

Il y a douze mois dans un an.

Il y a trente jours dans un mois.

Les mois de l'année sont : Janvier, Février, Mars, Avril, Mai, Juin, Juillet, Août, Septembre, Octobre, Novembre, Décembre.

On divise les mois en quatre semaines; chaque semaine est composée de sept jours que l'on nomme :

Lundi, Mardi, Mercredi, Jeudi, Vendredi, Samedi, Dimanche.

LES SAISONS

Il y a quatre saisons dans l'année : le Printemps, l'Été, l'Automne et l'Hiver.

A Agriculteur a

L'agriculture a été de tout temps regardée comme la première de toutes les professions.

C'est l'agriculteur qui laboure les champs, sème le blé et le récolte.

C'est à force de travaux et de soins qu'il rend fertiles des plaines qui ne produiraient que des ronces et des herbes mauvaises.

Sans les travaux de l'agriculteur, la terre resterait inculte et stérile, et les hommes seraient condamnés à mourir de faim ou à ne vivre que d'herbes amères et de fruits sauvages.

L'état d'agriculteur est donc très-honorable, et nous devons avoir la plus grande estime pour ceux qui le pratiquent. Les plus grands poètes de l'antiquité et des temps modernes se sont fait gloire de chanter les travaux de l'agriculteur.

B Boulanger b

Ce n'est point tout que l'agriculteur fasse venir le blé et le récolte ; il y a encore bien des opérations par lesquelles doivent passer les grains avant d'arriver à l'état de ces jolis petits pains dorés que l'on sert sur nos tables. Lorsque, par les soins du meunier, le blé a été réduit en farine, le boulanger s'en empare et se met aussitôt à l'œuvre pour en faire du pain. Après avoir détrempé la farine dans de l'eau et y avoir mêlé le levain, il bat et rebat à force de bras ce mélange que l'on appelle pâte. Quand la pâte est bien gonflée, on en fait des pains de toute forme et de toute grandeur que l'on introduit dans un four chauffé à la température voulue. Après un laps de temps déterminé et suffisant pour la cuisson le boulanger les livre à la consommation.

C Couturière c

L'art de la couturière se divise en deux parties, la couturière en robes et la couturière en blanc. Cette dernière confectionne les chemises, les cols, les serviettes et les

nappes. On appelle en général couturière toute ouvrière qui s'occupe
spécialement de travaux d'aiguille.

Le fil, le coton, la laine et la soie
sont les matières qui servent à coudre.
Le coton provient d'un arbre qui croît
dans les Indes; la soie nous est
donnée par le ver à soie, la laine
par le mouton et le fil par le lin et
le chanvre. Les couturières ont besoin
de ciseaux, d'épingles, d'aiguilles et
d'un dé qu'elles introduisent dans
le bout du doigt, afin de pouvoir
pousser l'aiguille sans se blesser.
Les aiguilles les plus renommées
sont les aiguilles anglaises.

D Doreur d

Il faut remonter jusqu'à la plus haute antiquité pour trouver l'origine de l'art du doreur. Cet art consiste à appliquer l'or en poudre ou en feuilles sur un objet, et embrasse

3.

plusieurs branches. Ainsi, il y a le doreur sur métaux, le doreur sur porcelaine et le doreur sur bois. Chacune de ces parties de la dorure se distingue des autres par la manière d'appliquer l'or, et surtout par les agents employés soit pour le fixer, soit pour le brunir. Le doreur sur bois s'occupe de la dorure des meubles de luxe, des cadres pour les tableaux, des statues que l'on voit dans les églises ou autres objets destinés au culte divin.

Pour dorer les métaux, on se sert d'un procédé découvert de nos jours et que l'on désigne sous le nom de procédé Ruolz et Elkington.

E   Ébéniste   e

— Oh ! Édouard, la jolie chiffon-
nière qu'a ma cousine Irma, s'écriait
la petite Eugénie, à la vue d'un de
ces meubles ravissants que nos ébénistes savent si bien faire.

— Oui, petite sœur, lui répondit son frère, et je puis t'apprendre quels sont les ouvriers qui l'ont fabriquée.

— Dis-le moi donc, petit frère.

— Ce sont les ébénistes. Ces ouvriers travaillent les bois les plus recherchés comme le citronnier, l'acajou, le bois de rose et l'ébène. C'est à eux que nous devons ces jolis riens qui ornent nos salons et nos boudoirs comme consoles, chiffonnières, caves à liqueurs, bibliothèques et pupitres portatifs.

Ce métier devient un art lorsque celui qui l'exerce est doué d'un bon goût et d'une imagination féconde.

F Fermière f

La fermière est l'âme de l'intérieur d'une métairie. Elle est chargée
de tous les soins à donner au ménage
et de préparer la nourriture, pendant que son mari, à la tête de

ses domestiques, va dans les champs labourer, sarcler, ensemencer les terres, faucher et moissonner.

C'est à elle qu'est exclusivement réservé le soin de la basse-cour et de la vacherie, deux sources de richesses qui ne s'épuisent jamais lorsqu'on sait bien les entretenir.

La basse-cour produit en effet les œufs et la volaille qu'elle va vendre au marché, et la vacherie lui donne le lait, le beurre et les fromages. Mais ce n'est que par beaucoup de soins et surtout par une grande économie que la fermière peut ajouter de beaux revenus à ceux que donnent les champs que cultive son mari.

G   Gainier   g

Dans vos promenades au Palais-Royal ou sur les boulevards, votre admiration est souvent excitée par la vue de ces jolis écrins, remplis de pierres précieuses, qui s'étalent derrière la vitrine d'un joaillier. D'autres fois ce sont de jolis étuis en chagrin ou en maroquin, renfermant une lunette d'approche ou de jolis ciseaux, moitié or et moitié en nacre brillant. L'intérieur de ces étuis ou de ces écrins est garni en soie blanche ou rose et quelquefois en velours pour faire mieux ressortir les objets qu'ils renferment.

Ce sont les ouvriers gaîniers qui font les porte-monnaies, les portefeuilles, les porte-cigares et tous les objets en maroquin, en chagrin ou en cuir bouilli dont Paris fait un commerce si considérable et si productif.

H Harnacheur h

Si l'on compare le bât informe d'un âne avec la selle élégante et commode de nos modernes amazones, le vieux licou avec les belles brides qui modèrent les allures d'un pur sang

arabe, on ne peut s'empêcher de re-
connaître que l'art du harnacheur
s'est beaucoup perfectionné. Ce sont
en effet les harnacheurs ou selliers
qui s'occupent de la confection des
brides, des rênes, des selles, des
colliers, des sangles, et, en un mot,
de toute sorte de harnais pour les
chevaux. Le cuir que les harnacheurs
emploient de préférence à tout autre
vient de la Russie.

Les harnacheurs font quelquefois
des brides et des selles de luxe, des-
tinées aux chevaux de princes ou de
souverains. Mais alors le cuir dis-
paraît sous le velours, les brode-
ries d'or et les pierres précieuses.

I Imprimeur i

Une des plus belles inventions de l'esprit humain, c'est sans contredit celle de l'imprimerie. C'est par cet art que l'on conserve la mémoire des faits passés, les sentences des sages ;

que l'on peut transmettre à l'avenir l'exemple des grandes vertus.

Dans une imprimerie les uns assemblent les lettres et forment les mots : on les appelle compositeurs ; les autres placent ces lettres sous une presse et reproduisent, au moyen d'une encre particulière, ces lettres sur du papier blanc. On appelle ces derniers des imprimeurs.

L'imprimerie fut découverte au seizième siècle par Guttemberg. Avant cette découverte la vie d'un homme ne suffisait pas quelquefois pour transcrire un ouvrage que l'imprimerie reproduit aujourd'hui en quelques jours par milliers d'exemplaires.

J Jardinier j

S'il est une profession agréable par elle-même et qui influe sur la douceur des mœurs de celui qui l'exerce, ce doit être celle du jardinier qui vit sans cesse au milieu des fleurs.

C'est le jardinier qui prépare la terre d'un jardin, sème les fleurs ou les légumes, taille les arbres et les greffe au besoin. Il s'occupe en un mot de tout ce qui appartient à l'embellissement et à l'entretien des jardins.

Un bon jardinier doit savoir quelles sont les saisons qui conviennent à chaque espèce de fleurs, le terrain le plus favorable et la température la plus propice.

L'empereur Dioclétien, que ses persécutions contre les chrétiens ont rendu célèbre, ayant abdiqué l'empire, se retira à Salone et se fit jardinier.

POIDS PUBLIC

.LA COSTE.AINE

.BERTRAND.DL.

K Kilogramme k

Le kilogramme est un poids de mille grammes ; son origine est toute moderne. Autrefois chaque ville de France avait ses poids et ses mesures particulières, ce qui causait un

très-grand embarras dans les calculs.
L'administration résolut de mettre
un terme à ces inconvénients et éta-
blit l'unité des poids et mesures dont
le mètre est la base.

Le mètre est la quarantemillio-
nième partie du méridien terrestre, et
l'unité de mesure pour la longueur.
Le décimètre cube forma le litre et
le centimètre cube fit le gramme,
unité de poids.

Lorsqu'il s'agit de peser des corps
trop lourds ou trop incommodes pour
les faire entrer dans une balance, on
se sert d'une bascule, qui n'est autre
chose que l'ancienne romaine perfec-
tionnée.

L   Luthier   l

La musique a toujours été en très-grand honneur même chez les peuples les plus barbares, et son origine se perd dans la nuit des temps. La mythologie attribue son invention à

4

Apollon qu'elle nous représente jouant de la lyre ou du luth. Le luth, comme la lyre, est un instrument à cordes, et l'on appelle luthier tout ouvrier qui fabrique ces sortes d'instruments, tels que guitares, harpes, violoncelles et violons.

La Bible nous raconte que pour calmer les fureurs de Saül, David chantait ses sublimes psaumes en s'accompagnant de la harpe.

L'instrument le plus renommé de nos jours est le violon, dans la fabrication duquel les Italiens ont acquis de temps immémorial une grande et juste renommée.

M Maréchal m

C'est au maréchal-ferrant que l'on conduit les chevaux qui ont besoin d'être ferrés. Cet artisan doit connaître la structure anatomique du cheval, des principes exacts de médecine vétérinaire, et apporter à l'art de la ferrure une attention et des perfectionnements dont les difficultés sont inappréciables pour les personnes étrangères à cette profession. Une loi d'Écosse punissait d'une forte amende le maréchal-ferrant qui blessait un cheval par ignorance de son métier.

Le maréchal-ferrant est généralement médecin-vétérinaire ; il soigne les chevaux lorsqu'ils sont malades et ses études se dirigent particulièrement vers la connaissance de toutes les maladies dont sont atteints les animaux domestiques.

N Nourrisseur n

Dans les villes populeuses il y a des personnes qui nourrissent des vaches, des ânesses, des chèvres dans l'étable et font commerce de leur lait. Elles habitent généralement

4.

les faubourgs de la ville et on les appelle nourrisseurs. Cependant, malgré le nombre considérable des nourrisseurs, les grands centres seraient souvent exposés à manquer de lait si les campagnes n'en fournissaient en abondance. Aussi chaque jour les chemins de fer transportent des quantités incroyables de lait à Paris, à Lyon, à Bordeaux, à Marseille.

Les nourrisseurs retirent de très-beaux bénéfices du commerce de lait d'ânesse, fort recherché pour les maladies de poitrine.

Oiseleur

Un empereur d'Allemagne, Henri Ier surnommé l'Oiseleur, avait une telle passion pour la chasse aux oiseaux qu'il négligea les affaires de son empire et faillit perdre la couronne.

L'oiseleur est celui qui prend les oiseaux à la pipée, à la glue ou aux filets. La pipée est une sorte de chasse dans laquelle l'oiseleur contrefait le cri d'un oiseau pour attirer ceux de son espèce dans un arbre dont les branches sont remplies de gluaux où ils se prennent.

Un oiselier, au contraire, a pour métier d'élever et de vendre les oiseaux. C'est chez lui que l'on trouve toute sorte d'oiseaux curieux et exotiques, tels que perroquets, perruches, faisans, serins et une foule d'autres dont la nomenclature serait trop longue.

P Potier P

L'art de la poterie avait fait de très-grands progrès dans la province d'É-trurie, et les vases étrusques jouissent aujourd'hui encore d'une réputation justement méritée.

On appelle potier celui qui fait ou vend de la poterie, de la vaisselle de terre ou de grès. C'est en 1281 qu'un potier trouva le procédé pour donner une couverte à la poterie, et plus tard, sous François Ier, Bernard Palissy parvint, après des peines et des efforts inouïs, à découvrir le moyen de fixer les couleurs.

C'est à Faënza, ville d'Italie, que fut inventée la poterie connue sous le nom de fayence, et la terre nommée kaolin sert à fabriquer la porcelaine. Les porcelaines de Chine, estimées autrefois les plus belles du monde, sont aujourd'hui délaissées pour les porcelaines de Sèvres.

Q Quincaillier q

Toutes les industries ont besoin des produits que vend le quincaillier. Le laboureur s'adresse à lui pour avoir la plupart des outils nécessaires à l'agriculture; le serrurier lui demande des limes pour polir le fer; le menuisier des rabots et des scies; le marchand des poids et des balances; enfin le tapissier trouve chez lui tous les objets en cuivre qui ornent nos meubles ou servent à la décoration de nos appartements.

Mais c'est surtout aux ménagères que le quincaillier est utile en leur fournissant une foule d'objets en fer battu ou en cuivre, tels que pelles, pincettes, soufflets, couteaux, fourchettes, cafetières, casseroles, et qu'elles ne se procureraient que très-difficilement chez les fabricants de ces divers articles.

R Repasseuse r

Ce n'est point, comme on pourrait le croire, un état facile à apprendre et à exercer que celui de la repasseuse. Lorsque le linge a été bien blanchi, elle le prépare d'abord à

5

l'amidon et le repasse ensuite en lui donnant l'apprêt sans lequel le linge manquerait de ce lustre qui en fait ressortir la finesse et la beauté.

Plus un objet est fin et précieux, plus la repasseuse doit redoubler d'attention pour ne pas le brûler avec son fer ou le colorer trop fortement avec le bleu.

Les outils dont se sert une repasseuse sont une table, un fourneau et des fers ; l'amidon et le bleu indigo sont les matières qu'elle emploie.

Cet état fatigue beaucoup, et il faut jouir d'une santé robuste pour l'exercer pendant longtemps.

S Sculpteur s

La sculpture a été cultivée par les Égyptiens d'abord et ensuite par les Grecs, qui réunirent la perfection de l'exécution à la perfection du dessin.

Le sculpteur est l'artiste qui, par

le moyen d'un ciseau, donne une forme, une figure au marbre, à la pierre ou au bois. Le sculpteur qui cisèle le marbre et reproduit les traits d'un homme illustre, est appelé sculpteur statuaire.

Phidias fut le plus illustre sculpteur de l'antiquité grecque, et Michel-Ange Buonaroti, révéla, aux premiers jours de l'ère moderne, son triple talent de peintre, d'architecte et de sculpteur. C'est à lui que l'on doit la magnifique basilique de Saint-Pierre, à Rome. Parmi les plus célèbres sculpteurs français nous citerons Puget, Coustou, Pradier et David (d'Angers).

T Tonnelier t

L'artisan qui fait ou raccommode les tonneaux, les barils, les cuviers, les seaux, et en général tous les vases en bois propres à contenir des liquides se nomme tonnelier.

C'est surtout dans les pays de vignobles que cette industrie a acquis un développement considérable. A l'époque des vendanges, lorsque l'année a été favorable à la vigne, on voit, soit sur les routes ferrées, soit le long des rivières, des canaux et des fleuves, de longs convois de barriques et de tonneaux destinés à renfermer la récolte nouvelle. Le tonnelier fabrique aussi des mesures pour les grains, telles que le litre, le décalitre et le double décalitre, qui ont remplacé les anciennes mesures dont les inconvénients étaient innombrables.

U   Usine   u

Tout établissement important dans lequel s'exerce une grande industrie, tel que forge, fonderie, verrerie ou filature, se nomme usine. La vapeur est le moteur principal dont on se sert pour activer la fabrication. L'usine que représente notre gravure est une usine à fer. Par le mouvement que l'on y voit régner, les immenses machines qui la remplissent et les ouvriers nombreux qui y travaillent, on peut se faire une idée de son importance. Le fer est, en effet, le métal le plus utile à l'homme et par conséquent l'un des plus précieux. Dans les constructions, il a remplacé les poutres de bois, et dans quelques parties de l'Amérique, on voit des maisons et même des monuments en fonte de fer.

V Vitrier V

La découverte de la plupart des objets dont nous nous enorgueillissons, a été souvent l'effet du hasard. Ainsi, c'est un chien qui découvre la pourpre, une chèvre le café, et des

5.

marchands de nitre qui trouvent le verre en étayant leur marmite sur du nitre à défaut de pierres.

Ce sont en général les peintres en bâtiments qui font le métier de vitrier. Les outils dont ils se servent sont un diamant ponr couper le verre, une règle, un marteau et des clous pour le fixer au chassis, et enfin du mastic fabriqué avec du blanc de céruse et de l'huile siccative pour empêcher l'air de pénétrer entre les intervalles laissés par le verre et le bois.

Des vitriers qui portent sur leur dos toute leur boutique parcourent les campagnes pour réparer les dégâts causés aux vitres.

X Xylographe x

L'histoire de France raconte que
pour distraire et amuser le roi Char-
les VI, qui était devenu fou, on in-
venta les cartes à jouer. C'est à cette
époque que remonte la xylographie

ou art de graver sur le bois, parce que ce fut sur du bois que l'on grava les figures des rois, reines et valets représentés dans le jeu de cartes.

Un xylographe doit connaître parfaitement le dessin, afin de pouvoir représenter fidèlement le modèle qu'il se propose de reproduire sur le bois. C'est en étudiant les grands maîtres de la peinture qu'il parviendra à reproduire en petit les grands tableaux qui font l'ornement de nos musées.

De nos jours, la gravure sur bois a fait des progrès admirables, et elle rivalise avec la gravure sur cuivre.

Y Yalotechnicien y

Polir le verre et le cristal, tel est le métier de yalotechnicien. Le yalotechnicien s'occupe aussi de graver des fleurs, des chiffres, des lettres et tous les ornements délicats que nous admirons sur ces verres que leur finesse, leur transparence et leur légèreté ont fait surnommer verres de mousseline.

Pour obtenir des verres de couleur, on mélange avec le verre fondu des substances minérales, telles que le cobalt, le fer, le cuivre, l'étain ou le manganèse.

Le cristal s'obtient en mélangeant une certaine quantité de plomb au sable et à la potasse qui sont la base essentielle du verre.

Les cristaux de Bohême sont très-renommés par leur forme élégante et la vivacité de leurs couleurs.

Z   Zingueur   z

Le zinc est un métal très-mal-
léable et que l'industrie emploie pour
une foule d'objets. On appelle zin-
gueur l'ouvrier qui travaille le zinc;
il fabrique des vases, des seaux, des

tuyaux, des gouttières et des cuvettes, et beaucoup d'autres objets de grande utilité ou d'ornementation pour les maisons et les édifices. Le zinc remplace avantageusement les ardoises pour la couverture des toits.

L'oxide de zinc fournit à la peinture un blanc que les artistes préfèrent au blanc de céruse et qu'on nomme blanc de zinc.

Le cuivre et le zinc réunis et plongés dans un bain d'eau acidulée, produisent l'électricité voltaïque, base essentielle de tous les télégraphes électriques.

PRIÈRES

ORAISON DOMINICALE

Notre Père qui êtes aux cieux, que votre nom soit sanctifié ; que votre règne arrive ; que votre volonté soit faite en la terre comme au ciel : donnez-nous aujourd'hui notre pain quotidien; pardonnez-nous nos offenses comme nous les pardonnons à ceux qui nous ont offensés, et ne nous laissez pas succomber à la tentation, mais délivrez-nous du mal.

Ainsi soit-il.

SALUTATION ANGÉLIQUE

Je vous salue, Marie, pleine de grâce; le Seigneur est avec vous; vous êtes bénie entre toutes les femmes, et Jésus, le fruit de vos entrailles, est béni. Sainte Marie, mère de Dieu, priez pour nous, pauvres pécheurs, maintenant et à l'heure de notre mort.

Ainsi soit-il.

SYMBOLE DES APOTRES

Je crois en Dieu le Père tout-puissant, créateur du ciel et de la terre, et en Jésus-Christ, son fils unique, notre Seigneur, qui a été conçu du Saint-Esprit, est né de la Vierge Marie, a souffert sous Ponce-Pilate, a été crucifié, est mort et a été enseveli; est descendu aux enfers, et le troisième jour est ressuscité des morts; est monté aux Cieux, est assis à la droite de Dieu le Père tout-puissant, d'où il viendra juger les vivants et les morts. Je crois au Saint-Esprit; la sainte Église catholique; la communion des Saints; la rémission des péchés; la résurrection de la chair; la vie éternelle. Ainsi soit-il.

CONFESSION DES PÉCHÉS

Je confesse à Dieu tout-puissant, à la bienheureuse Marie toujours Vierge, à saint Michel Archange, à saint Jean-Baptiste, aux apôtres saint Pierre et saint Paul, à tous les Saints, et à vous, mon Père, que j'ai beaucoup péché, par pensées, par paroles, par actions et par omissions ; c'est ma faute, c'est ma faute, c'est ma très-grande faute. C'est pourquoi je supplie la bienheureuse Marie toujours Vierge, saint Michel Archange, saint Jean-Baptiste, les apôtres saint Pierre et saint Paul, tous les Saints, et vous, mon Père, de prier pour moi le Seigneur notre Dieu.

Que le Dieu tout-puissant nous fasse

miséricorde, qu'il nous pardonne nos
péchés et nous conduise à la vie éternelle. Ainsi soit-il.

Que le Seigneur tout-puissant et
miséricordieux nous accorde l'indul-
gence, l'absolution et la rémission de
nos péchés. Ainsi soit-il.

COMMANDEMENTS DE DIEU

Un seul Dieu tu adoreras
Et aimeras parfaitement.
Dieu en vain tu ne jureras,
Ni autre chose pareillement.
Les Dimanches tu garderas
En servant Dieu dévotement.
Tes père et mère honoreras
Afin de vivre longuement.

Homicide point ne seras
De fait, ni volontairement.
Luxurieux point ne seras
De corps ni de consentement.
Le bien d'autrui tu ne prendras,
Ni retiendras à ton escient.
Faux témoignage ne diras,
Ni mentiras aucunement.
L'œuvre de chair ne désireras
Qu'en mariage seulement.
Biens d'autrui ne convoiteras
Pour les avoir injustement.

COMMANDEMENTS DE L'ÉGLISE

Les fêtes tu sanctifieras,
Qui te sont de commandement.
Les Dimanches la Messe ouïras

Et les fêtes pareillement.
Tous tes péchés confesseras,
A tout le moins une fois l'an.
Ton Créateur tu recevras
Au moins à Pâques humblement.
Quatre-Temps, Vigiles jeûneras,
Et le Carême entièrement.
Vendredi chair ne mangeras,
Ni le samedi mêmement.

HISTORIETTES

LE PETIT ORGUEILLEUX

Un jeune enfant, non content d'être servi et bien servi par les domestiques de son père, veut avoir un domestique à lui. « Tu l'auras, » lui dit son père, « mais sois certain que tu seras plus le domestique de ton domestique, que lui-même ne sera le tien. » Le petit garçon insiste, son père lui donne un petit laquais vêtu d'une livrée galonnée, chaussé de bottes à revers et coiffé d'un chapeau à ganse d'or avec une belle cocarde. Ce laquais est fort élégant et fort leste, mais il est aussi fort paresseux, fort négligent et fort gourmand. De façon que c'est, au bout de quelque temps, le petit garçon qui est forcé, comme l'en avait prévenu son père, de nettoyer l'habit de son laquais, de faire les commissions de son laquais, de servir à table son laquais, d'être enfin le laquais de son laquais.

Quand le père croit la leçon suffisante, il renvoie le laquais, embrasse son fils et lui demande s'il ne vaut pas mieux en effet avoir à son service tous les domestiques de son père, que d'en avoir un à soi.

LE PETIT IMPRUDENT

Des marins qui montaient une chaloupe, la Bien-Aimée, de Royan, petit village près de Bordeaux, aperçurent au large un bateau qui s'en allait en dérive, et dessus quelque chose de blanc qui s'agitait vivement. Un de ces marins, nommé Jean Luchet, jeune homme intrépide et courageux, malgré la violence des vagues et la pluie abondante qui tombait en ce moment, se mit dans une frêle embarcation et se dirigea vers le bateau. Ce quelque chose de blanc qu'on y voyait s'agiter, c'était un jeune enfant en chemise qui se lamentait et appelait son père, comme un naufragé appelle Dieu à son secours. Le petit imprudent était monté sur le bateau, l'avait détaché du rivage et eût infailliblement péri sans le secours que lui envoyait la Providence. L'enfant fut consolé et ramené à ses parents, que sa disparition avait laissés dans la plus cruelle inquiétude.

⌖

LE JEUNE ARTISTE

Salvator Rosa était un grand peintre qui vivait il y a bien longtemps. Il mourut dans l'année 1673. Il annonça de bonne heure qu'il deviendrait un grand artiste ; mais son père était pauvre, et voulait que son petit Salvatorello devint moine. Il le mit au couvent. Que faisait le jeune Salvator Rosa? Il charbonnait tout le jour les murs de sa prison, car c'est ainsi qu'il appelait le couvent. Il reçut pour prix de ses dessins de rudes corrections; mais il était né avec ce penchant, il s'obstina, il charbonna, charbonna, charbonna tant et si bien les murs du couvent, ne respectant ni ceux qui conduisaient chez le prieur, ni ceux qui conduisaient à l'église, que les bons pères le chassèrent de leur sainte maison.

Salvatorello fut au comble de la joie : il avait la liberté, et il pourrait dessiner, peindre ! Il se souvint de sa sœur Stella, mariée au peintre Francanzani. Il commença ses études dans l'atelier de son beau-frère, et fit des progrès rapides et immenses. Il devint l'un des peintres les plus habiles de son temps. Il a laissé cent quatre-vingts tableaux, et pourtant il mourut à l'âge de cinquante-huit ans.

⸺◦⸻⊂⊃⸻◦⸺

LA JEUNE FILLE ET LA LOUVE

Une louve exerçait d'affreux ravages dans plusieurs villages des environs de Bordeaux. Après avoir assouvi sa fureur sur les bestiaux, elle s'était attaquée à l'enfant d'un vigneron, qui ramassait de la fougère contre la lisière d'un bois bordant la route. Cette jeune fille, à peine âgée de treize ans, défendit ses jours avec

6.

un courage héroïque, en faisant usage
d'une serpe dont elle se trouvait heu-
reusement armée. L'animal furieux,
criblé de blessures, hurlait d'une manière épouvantable, tandis que l'enfant criait au secours de toute la force
de ses poumons. Un chasseur qui pas-
sait tout près de là, accourut sur le
lieu de la scène, et arriva assez tôt
pour délivrer la jeune fille d'une lutte
au-dessus de ses forces, et à laquelle elle eût succombé, si deux
coups de fusil, tirés à bout portant,
n'eussent étendu sans vie le cruel
animal sur le sable.

FABLES

LE LOUP ET L'AGNEAU

La raison du plus fort est toujours la meilleure :
Nous l'allons montrer tout à l'heure.

Un agneau se désaltérait
Dans le courant d'une onde pure.
Un loup survient à jeun, qui cherchait aventure,
Et que la faim en ces lieux attirait.
Qui te rend si hardi de troubler mon breuvage?
Dit cet animal plein de rage :
Tu seras châtié de ta témérité.
— Sire, répond l'agneau, que votre majesté
Ne se mette pas en colère;
Mais plutôt qu'elle considère
Que je me vas désaltérant
Dans le courant,
Plus de vingt pas au-dessous d'elle;
Et que par conséquent en aucune façon,

Je ne puis troubler sa boisson.
— Tu la troubles! reprit cette bête cruelle;
Et je sais que de moi tu médis l'an passé.
— Comment l'aurais-je fait si je n'étais pas né,
    Reprit l'agneau; je tette encor ma mère.
        — Si ce n'est toi, c'est donc ton frère.
— Je n'en ai point. — C'est donc quelqu'un des tiens;
    Car vous ne m'épargnez guère,
    Vous, vos bergers et vos chiens;
On me l'a dit: il faut que je me venge.
    Là-dessus, au fond des forêts
    Le loup l'emporte, et puis le mange,
    Sans autre forme de procès.

LA CIGALE ET LA FOURMI

La cigale, ayant chanté
        Tout l'été,
Se trouva fort dépourvue,
Quand la bise fut venue:
Pas un seul petit morceau
De mouche ou de vermisseau!
Elle alla crier famine
Chez la fourmi sa voisine,

La priant de lui prêter
Quelque grain pour subsister
Jusqu'à la saison nouvelle :
Je vous paierai, lui dit-elle,
Avant l'août, foi d'animal,
Intérêts et principal.
La fourmi n'est pas prêteuse ;
C'est là son moindre défaut ;
Que faisiez-vous au temps chaud ?
Dit-elle à cette emprunteuse.
— Nuit et jour, à tout venant,
Je chantais, ne vous déplaise.
— Vous chantiez ! j'en suis fort aise.
Hé bien ! dansez maintenant.

LE CORBEAU ET LE RENARD

Maître corbeau, sur un arbre perché,
Tenait dans son bec un fromage.
Maître renard, par l'odeur alléché,
Lui tint à peu près ce langage :
Hé ! bonjour, monsieur du corbeau !
Que vous êtes joli ! que vous me semblez beau !

Sans mentir, si votre ramage

Se rapporte à votre plumage,

Vous êtes le phénix des hôtes de ces bois.

A ces mots, le corbeau ne se sent pas de joie ;

Et, pour montrer sa belle voix,

Il ouvre un large bec, laisse tomber sa proie.

Le renard s'en saisit, et dit : Mon bon monsieur,

Apprenez que tout flatteur

Vit aux dépens de celui qui l'écoute :

Cette leçon vaut bien un fromage, sans doute.

Le corbeau, honteux et confus,

Jura, mais un peu tard, qu'on ne l'y prendrait plus.

L'ENFANT ET LE MIROIR

Un enfant élevé dans un pauvre village

Revint chez ses parents, et fut surpris d'y voir

Un miroir.

D'abord il aima son image ;

Et puis, par un travers bien digne d'un enfant,

Et même d'un être plus grand,

Il veut outrager ce qu'il aime,

Lui fait une grimace, et le miroir la rend.

lors son dépit est extrême ;

   Il lui montre un poing menaçant.

   Il se voit menacé de même.

Notre marmot fâché s'en vient, en frémissant,

   Battre cette image insolente :

Il se fait mal aux mains. Sa colère en augmente ;

     Et, furieux, au désespoir,

     Le voilà, devant ce miroir,

   Criant, pleurant, frappant la glace.

Sa mère, qui survient, le console, l'embrasse,

   Tarit ses pleurs, et doucement lui dit :

N'as-tu pas commencé par faire la grimace

A ce méchant enfant qui cause ton dépit?

— Oui. — Regarde à présent : tu souris, il sourit ;

Tu tends vers lui les bras, il te les tend de même ;

Tu n'es plus en colère, il ne se fâche plus :

De la société tu vois ici l'emblème ;

   Le bien, le mal, nous sont rendus.

TABLE

DE MULTIPLICATION

2	fois	2	font	4	5	fois	5	font	25	8	fois	8	font	64

2 fois 2 font 4   5 fois 5 font 25   8 fois 8 font 64
2   3   6   5   6   30   8   9   72
2   4   8   5   7   35   8   10   80
2   5   10   5   8   40   8   11   88
2   6   12   5   9   45   8   12   96
2   7   14   5   10   50
2   8   16   5   11   55   9 fois 9 font 81
2   9   18   5   12   60   9   10   90
2   10   20   9   11   99
2   11   22   9   12   108
2   12   24

3 fois 3 font 9   6 fois 6 font 36
3   4   12   6   7   42
3   5   15   6   8   48   10 fois 10 font 100
3   6   18   6   9   54   10   11   110
3   7   21   6   10   60   10   12   120
3   8   24   6   11   66
3   9   27   6   12   72
3   10   30   11 fois 11 font 121
3   11   33   11   12   132
3   12   36

4 fois 4 font 16   7 fois 7 font 49
4   5   20   7   8   56   12 fois 12 font 144
4   6   24   7   9   63
4   7   28   7   10   70
4   8   32
4   9   36   7   11   77
4   10   40
4   11   44   7   12   84
4   12   48

www.ingramcontent.com/pod-product-compliance
Lightning Source LLC
Chambersburg PA
CBHW052129090426
42741CB00009B/2006